AF313918

NOTICE

DES

ESTAMPES

VIGNETTES POUR ILLUSTRATIONS

ANGLAISES ET FRANÇAISES

PORTRAITS

DE CÉLÉBRITÉS DIVERSES ANCIENNES ET MODERNES

En lots nombreux

Réunis par M. DURAND jeune, Libraire

DEUXIÈME PARTIE

Dont la vente aura lieu

HOTEL DES COMMISSAIRES - PRISEURS

RUE DROUOT, 5, SALLE N° 7

Le Jeudi 14 Novembre 1872

A UNE HEURE PRÉCISE

Me **DELBERGUE-CORMONT**, Commissaire-Priseur,
rue de Provence, 8,

Assisté de **M. VIGNÈRES**, Marchand d'Estampes,
rue de la Monnaie, 21, à l'entresol, ancien 13,

CHEZ LEQUEL SE DISTRIBUE LA NOTICE

PARIS — 1872

DÉSIGNATION

14 **Desenne** (D'ap.). Vignettes pour les Contes de La Fontaine. 200 p. de 43 sujets avec différences, la plupart avant la lettre.

15 **Desenne** (D'ap.). Vignette pour l'Aminte, par Roger. 280 épreuves.

16 **Ducis** (D'ap.). Suite complète de 4 vignettes pour la vie du Tasse, grav. par Pauquet. Ep. avant et avec la lettre, sur chine. Grand papier.

17 Eaux-fortes de Daubigni, Alès, Loubon, Salmon, etc. 36 p.

18 **Eaux-fortes pures**. Les Evangélistes. Grand in-8. 156 p. défets.

19 — Vignettes pour Daphnis et Chloé et autres. 36 p., d'ap. Prud'hon, Hersent, Albrier. Grand papier.

20 **Ecole du XVIII⁰ siècle** et autres sujets. Danaé, etc. Environ 130 p. Seront divisées sous ce numéro.

21 Estampes chinoises imprimées en couleur : fleurs, oiseaux, etc. 10 p.

22 **Granville**. Scènes de la vie privée des animaux. 100 p. sur bois.

23 **Grobon**. Pascal et autres, — Fleurs et Fruits coloriés. 78 p. in-4.

24 **Hersent** (D'ap.). Sujets pour les Contes de La Fontaine. Lithog. in-8, tirage in-4. 62 p.

25 Histoire naturelle : Oiseaux d'Europe. — Oiseaux de Paradis, — Crustacés, — Dictionnaire d'histoire naturelle. En noir et coloriés, formera plusieurs lots.

Lecaux 5

Maslime a 4.

Lecaux 5

T

26 Illustration pour Virgile. d'ap. Le Barbier et
autres. 6 p. in-4. avant la lettre.

27 Illustration pour Racine. In-fol., d'ap. Prud'hon,
Gérard, Girodet, etc. 53 p.

28 Illustration sur l'histoire de Napoléon de Cham-
bure, réunion d'épreuves avant la lettre chine,
avec la lettre chine et blanc. Eaux-fortes pures
et avec différences. 136 p., incomplet.

29 — Doubles des précédents. 34 p.

30 Vignettes relatives à l'histoire de France, Révolution, Empire, etc., avant [la lettre sur chine,
90 p.

31 — Avant la lettre sur blanc. 90 p.

32 — Pour la Révolution, de Couché et autres.
240 p. environ.

33 — Pour la Révolution, de Duplessis Bertaux,
Johannot, etc. 170 p.

34 — Pour la Révolution, d'ap. Scheffer, Johannot
et autres. 186 p. sur chine.

35 — Pour l'Empire, de Couché et autres. 200 p.

36 — Pour histoire de France, empire, etc. 200 p.

37 — Histoire de France, révolution, etc., d'après
H. Vernet, Scheffer et autres. 140 p., chine et
blanc, publiées par Furne.

38 — D'après Raffet pour romans, histoire de
la Révolution, etc. 109 p. et sur bois, pour le
Voyage en Russie. 26 p. En tout 135 p.

39 — D'après Raffet, pour l'Algérie, la Révolution,
l'Empire, etc. 132 p. ; plusieurs avant la lettre,
chine.

40 — Pour Thiers, Consulat et Empire. 200 p. ; des
doubles.

41 Vignettes, Vues, Sujets divers, tirés de la Révolution de Chalamel, Anquetil et Legallois, Couché, Furne, etc. Environ 400 p. 3 lots.

42 Vignettes diverses avant la lettre, chine et blanc.
215 p. 2 lots.

43 **Jumel** l'aîné, professeur d'écriture, 1790. Ca-
hier contenant : Déclaration des droits de
l'homme et du citoyen. 16 feuilles y compris le
portrait.

44 Lithographies, Artiste, Journal des Haras, du
chasseur, Echo de la jeune France et autres
revues. 300 p.

45 **Massard**. Camée de Napoléon Ier. In-4. Marge
in-fol. 11 épreuves.

46 **Moreau** (D'ap.). Frontispice du Mérite des
femmes ou l'Amour maternel, avant la lettre 190.
— La Mélancolie, 52. En tout 242 p.

47 — Paysage pour Gessner. Environ 80 épreuves.
in-8.

48 **Numa** (D'ap.). Atala, Zulma, les Eléments et
autres. 8 p., sujets gracieux de femmes.

49 **Oudry** (D'ap.) et autres. 24 p. pour les Fables
de La Fontaine.

50 **Peyron** (D'ap.). Fulvie ou la Conjuration de
Catilina de Salluste. 58 épreuves, dont 41 avant la
lettre.

51 Pièces en couleur, école du xviiie siècle et
autres. 30 p.

[illegible] a 4.

[illegible]

[illegible] 3 50

Leeuv 1. 50

Leeuv 1

Leeuv 3. 75

Leeuv 4. 75

Leeuv 4. 75

Leeuv 4

Leeuv 3. 75

52 Apollon et les Muses. 10 p., en nombre. 500 p., noir et couleur.

53 Pièces tirées de la galerie du Luxembourg. 25 p., la plupart sur chine.

54 Pièces au trait, tirées de divers ouvrages. 300 p.

55 **Prud'hon**. Phrosine et Mélidore. 6 p., et autres d'ap. Gérard pour Psyché. En tout 14 p. in-4.

56 **Pugin**. Paris et ses environs, vues pittoresques. 92 p. à deux vues à la feuille.

57 **Saint-Aubin**. Laocoon, d'ap. le dessin de Salvage. 116 ép., dont 20 avant la lettre.

58 **Schrœder**. Vues de Lyon, d'ap. Jolimont et autres. Environ 165 p.

59 **Titien** (D'ap.). Vénus Anadyomène, dite à la Coquille, par Saint-Aubin et autres. 5 p.

60 **Sujets gracieux**. Vénus et l'Amour, l'Amour et Psyché et autres sujets mythologiques. 15 p.

61 — L'Amour, le fleuve Scamandre, Suzanne, Pygmalion. Triomphe de la peinture et autres. 20 p.

62 — Baigneuses, le Cauchemar, Naissance de Vénus, le Songe, le Coup de soleil, le Grain de pluie, etc. 20 p.

63 — Le Bain de Vénus, Danaé d'ap. Riesner, et autres Baigneuses, d'ap. Diaz, par Félon, etc. 20 p.

64 Titres d'ouvrages anglais et français, et cartouches de Duvivier. Environ 110 p.

65 **Travies** (D'ap.). Histoire naturelle coloriée, Baleine, Lézards, etc. 25 p. Gr. in-8. Superbes.

66 Univers pittoresque, Vues et Cartes de France et de l'étranger. 835 p.

67 **Vignettes anglaises**. Têtes et Sujets de femmes. 132 p.

68 — Sujets divers avant la lettre. 240 p.

69 — Sujets divers avant la lettre, sur chine. 110 p.

70 — Sujets divers avec la lettre, sur chine. 144 p.

71 — Sujets divers avec la lettre. 443. 2 lots.

72 — La Famille Devéria, Lady Georgina Agar Ellis, Marquise de Salisbury et autres. 20 p. sur chine. Belles marges.

73 — Jolies Têtes et Sujets de femmes et autres. 40 p. Grandes marges.

74 — Portraits de femmes, Lady Peel et autres, d'ap. Landseer, Lawrence et autres. 10 p. Sup. ép. avant la lettre, chine. Grand papier.

75 — Sujets de femmes, jeunes filles, etc., d'après Bonington, Chalon, Leslie, Stothard, et autres charmantes compositions. 18 p. avant la lettre, chine. Grand papier. Sup. épreuve.

76 — D'après Stephanoff, charmantes Compositions. 12 p. Sup. ép. avant la lettre, sur chine. Grand papier.

77 — D'après Westal, Smirke et autres. Sup. ép. avant la lettre, chine. Grand papier. 15 p.

78 — D'après Bonington, Francois Ier et sa sœur. — L'Amour médecin, d'ap. Detouches. — The Arrest, d'ap. Johannot, et autres charmantes compositions. 18 p. avant la lettre. Superbes ép. sur chine. Grand papier.

Martine 4

Martine 4
Martine 4
Martine 4
Martine & 4

Martine 4

79 — Vues et Paysages, d'ap. Bonington, Prout, Turner, etc. 15 p. Sup. ép. avant la lettre, chine. Gr. papier.

80 — Vignettes, d'ap. divers maîtres. 13 p. Sup. ép. avant la lettre sur chine, gr. papier, et 5 avec la lettre, petit papier. En tout 18 p.

81 — Le Peintre et la Douairière 38. — Portraits de de femmes, 62. En tout 108 p.

82 — Naufrage. 212 épreuves.

83 — Venise, la Dogana ? 285 épreuves.

84 — François Ier et sa sœur. 275 épreuves.

85 Vignettes anglaises, divers formats. 78 p.

86 Vignettes anglaises. Vues de divers pays. 162 p.

87 — Voyages : Algérie, Orient, Amérique, etc. 138 p.

88 — Tirées de divers ouvrages. Environ 700 p. 2 lots.

89 Vignettes tirées de diverses suites, avant la lettre, sur chine et sur blanc. 50 p.

90 — Diverses, avant la lettre, blanc. 115 p.

91 — Vignettes et Portraits pour l'Histoire universelle de La Pommeraie. Environ 600 en nomb.

92 — France maritime, par A. Grehan. 70 p.

93 — France militaire et pittoresque. 280 p.

94 — Scènes, Caricatures et Faits historiques pour la Révolution, publié par Chalamel. Environ 400 p.

95 — Pour les Martyrs de la liberté, les Tribunaux secrets et autres. 250 p., des doubles.

96 — Sujets historiques pour les publications de Labitte, éditeur. 280 p. in-8, en nombre.

97 — Portraits des Rois de France et autres pour les mêmes ouvrages. 210 p. in-8; en nombre.

98 — Pour l'histoire de France d'Anquetil et Le Gallois. 95 p.

99 — Bretagne ancienne et moderne et Vendée, par Charles Jacques, Leleu, etc. 176 p.; des doubles.

100 — Sur bois pour l'Histoire des ducs de Bourgogne. Environ 100 p.

101 — Sur bois pour Histoire de France, Hist. de Napoléon, romans divers, etc. 750 p. 2 lots.

102 — Pour illustrer Monte-Christo, sur bois et sur acier. 180 p.

103 — Pour l'Histoire de Marion Delorme. 220 p.; sur bois, en nombre.

104 — Insectes et oiseaux sur bois. 100 p.

105 Vignettes le Cahos. — Le Tartare. — L'Olympe. — La Délivrance d'Andromède. 4 p. pouvant illustrer La Fontaine, Corneille, etc. 230 p. par nombre égal de ces 4 p.

106 **Vues de Paris.** Les 3 p. des Boutiques du Pont-Neuf, par Le Bas, d'ap. Cochin et autres. 24 p.

107 **Vues** de Paris, publiées par Furne et autres. 72 p.

108 — Doubles des mêmes et autres, plusieurs lots.

109 Vues de France diverses, Eglises, Châteaux, etc. 557, 2 lots.

110 Vues d'Italie, Venise, etc. 128 p. in-8.

111 Vues d'Angleterre, d'ap. Westall, d'Écosse, etc. 50 p. in-4.

112 Vues de Chine. 19. — Orient, Égypte, Jérusalem, Constantinople, etc. 63, etc. En tout. 82 p. in-4.

113 Vues de Suisse, etc. In-4, 62 p.

114 Tombeaux anciens. 24 p. in-4.

115 Vues d'Amérique. 42 p.

116 Vues de divers pays étrangers. 200 p. publiées par Furne et autres.

117 — De divers pays, Italie, Orient, etc., anglaises et françaises. 510 p., 2 lots.

118 Vues et Paysages avant la lettre. Environ 150 p.

119 Vues et Paysages avant la lettre, sur chine. 74 p.

120 Vues diverses, vignettes historiques. 130 p.

121 Atlas de l'Histoire universelle de Rollin. Suite complète de 40 planches. 4 exemplaires.

122 Atlas de l'Histoire romaine de Rollin. 3 exempl. de 46 pl. avec texte complet et 127 défets.

123 Les Souvenirs et Regrets d'un vieil amateur, Costumes de théâtre, en pied, noir et couleur. 600 p. et texte; des doubles.

124 Univers pittoresque : France, Angleterre, Italie, Malte , Autriche, Perse, Nubie, Abyssinie, Amérique, Inde, Orient, Asie mineure, Grèce moderne, etc. Environ 1,700 p., vues, costumes, monuments, antiquités, etc.

125 Journal pour rire. 12 feuilles de caricatures politiques, 1849; très-amusantes.

126 Planches du Voyage de Corneille Le Brun, Cartes des départements, Botanique, Médailles, Costumes russes, orientaux, Armoiries, Portraits d'Henri IV et de Sully, etc. Environ 500 p.

127 Lot sans nombre, Portraits en nombre, de La Fontaine et Vignettes diverses.

128 **Portraits** anciens, célébrités diverses. 100 p.

129 Portraits, collection Ménard et Desenne. 136 p. avec la lettre des doubles.

130 — De la même collection. 228 p. avant la lettre, lettre grise, chine et blanc, des doubles. 2 lots.

131 — De Desrochers, Moncornet, Odieuvre. 115 p.

132 — Au trait pour la Biographie universelle de Landon et autres. Environ 850 p.; des doubles.

133 **Portraits** au trait de la Biographie universelle. 100 p.

134 — De la petite collection de Thevet. 106 p.

135 — De l'Histoire d'Angleterre de Larrey. 20 p.

136 — Les 12 Césars à cheval. Grand in-4.

137 — De Papes, de diverses suites. 100 p.

138 — Députés et Généraux, collection Bonneville. 150 p.

139 — Des Hommes utiles, société Montyon et Franklin. 556; p. des doubles.

140 — Bossuet, Calvin, 120 ; Fénelon, Morgan, La Rochefoucauld, Rousseau, Scott, Schweigheuser, etc. Environ 400 p.

141 — Bourdaloue, Fénelon, Fléchier, Massillon, ovales, in-12, marge. Environ 440 p.

142 — Charlemagne, Annibal, Julien, Justinien, Virgile, publiés par Furne. 375 p.

Relaz. 30.

Sélaque 70

143 — Crébillon, La Rochefoucauld, Corneille, Molière, Montesquieu, etc., en nombre. 200 p.

144 — La Harpe, Racine, François Ier d'Autriche, O'Donnel, Espartero. 420 p.

145 — Madame de Staël. In-12, par Manceau, 130. — In-8 par Muller, 220. En tout 350 p.

146 — Pour Ségur, son portrait, Catherine II, etc. 580 p.

147 — Ninon de Lenclos, en pied, 55. — Madame de Staël Necker, 45. En tout 100 p.

148 — Divers. publiés par Furne. 200 p. 2 lots.

149 — De diverses publications, Célébrités diverses. Plusieurs lots.

150 Portraits tirés des galeries de Versailles. 360 p. In-4 en buste, en pied.

151 — Doubles des précédents, 106.

152 — Publiés par Delloye. 120 p. pour divers ouvrages; en nombre.

153 — Iconographie instructive. 150 p.

154 — Rois et princes de la maison de Bourbon. In-8, par Roger, ovale. 112 p.; des doubles.

155 — Les mêmes personnages. In-12 claire-voie. 118 p. des doubles.

156 — Généraux, Avocats, Médecins, claire-voie. 143 p. par Amb. Tardieu.

157 — Savants, Littérateurs, Antiques, etc. 160 p. ovales.

158 **Portraits**. Acteurs, Actrices et Musiciens anglais et français. 70 p. 2 lots.

159 — Femmes célèbres. 36 p.

160 — Littérateurs, Savants; divers formats jusqu'à l'in-fol. 54 p.

161 — Académie des Sciences et des Arts. 100 p.

162 **Rois de France**. François Ier, Henri IV, Louis XIV et autres. 18 p. anciennes et modernes.

163 — Louis XVI, Marie-Antoinette, comte d'Artois, et comte de Provence jeune, portraits du temps. 22 p.

164 — Louis XVI, Louis XVIII et famille jusqu'à Louis-Philippe Ier. 64 p.

165 — Joséphine impératrice. 7. — Marie-Louise. 24, en tout 31 p.

166 — Roi de Rome et autres personnages de la famille de Napoléon et sujets relatifs. 45 p.

167 — Napoléon général et empereur en buste, divers formats jusqu'à l'in-fol. 40 p. gravées et lithog.

168 — Napoléon en pied et à cheval. In-4 et in-fol. 24 p. gravées et lithogr.

169 — Députés et Généraux de la Révolution et de l'Empire. 80 p.

170 — Rois et Reines de France anciens et modernes. 50 p.

171 — Célébrités d'Angleterre. 60 p.

172 — Célébrités d'Espagne. 60 p.

173 — Célébrités orientales, Turcs, etc. 60 p.

174 — Portraits de littérateurs en pied, collection Janet. Eaux-fortes pures. 32 p.

du pert. 35 Belag si ind.

175 Contemporains en pied : Affre, Lamartine,
L. Blanc, C. Perrier, F. d'Orléans, Raspail,
Soult et autres. 500 p. beaucoup doubles.

176 Portraits en pied : Représentants et autres.
120 p.

177 — Pour l'Histoire d'Henri Martin et autres.
140 p.

178 — Publiés par Lami Denozan. 107 p.

179 — Célébrités diverses, Savants, Naturalistes,
etc. 100 p.

180 — Hommes politiques, Littérateurs, etc. 100 p.
plusieurs avant la lettre.

181 — Pour la Révolution et autres publiées par
Furne. 100 p. sur chine.

182 — Iconographie instructive et avant le texte.
120 p.

183 Portraits de célébrités diverses, Littérateurs et
autres, la plupart avant la lettre. Environ 115 p.
2 lots.

184 Collection complète de 100 portraits de personnages célèbres français et étrangers, lettre grise
ou avant la lettre. Grand in-8 chine, pouvant
illustrer Saint-Simon et autres.

185 — Tirés des diverses collections des hommes
utiles, Bonneville, Furne, Delloye, Tardieu,
Menard et Desenne, galerie de Versailles, etc.
Plusieurs lots.

186 — Artistes, Peintres, anciens et modernes. 54 p.

187 — Célébrités diverses anciennes et modernes,
françaises et étrangères. Environ 700 p.; for-
meront plusieurs lots.

188 — Ecclésiastiques, Papes, etc. 70 p.

189 — Célébrités diverses, Portraits modernes. 100 p.

190 Portraits lithographiés, petite collection Delpech. 105 p.

191 — Diverses célébrites. Environ 240 p.

192 — Médecins et autres ; Généraux en pied, etc. 135 p.

193 Souvenir de Portugal. 42 portraits lithog.

194 DESSINS. Promenade au bois, les Balcons, Lorettes dans la rue, Intérieurs de cabarets, de bouges, de tapis francs, Scènes avec soldats et marins, etc. 26 dessins à l'encre de Chine lavés de couleur.

195 Les Portefeuilles de la collection seront vendus sous ce numéro.

CONDITIONS DE LA VENTE

L'ordre du Catalogue sera suivi.

Elle sera faite au comptant.

Les Acquéreurs paieront CINQ POUR CENT en sus des enchères.

EN PRÉPARATION :

LE CATALOGUE DES COLLECTIONS COMPLÈTES ET INCOMPLÈTES

De Vignettes pour illustrations et Planches de cuivre

(Voir, pour plus de détail, la page au revers du titre).

RENOU et MAULDE, imprimeurs de la Compagnie des Commissaires-Priseurs, rue de Rivoli, 144.　　25338

Hartmann 15